すみれちゃんに初めて会った日。
この本の担当編集である僕は

「すみれちゃんがみんなに
伝えたいことってなーに？」

とたずねた。

すると数ヵ月後。
小学5年生の女の子は、
手書きの「文字」と
自分の持つ最大限の「言葉」を使って、
質問に答えてくれた。

その手紙には、
思いの強さがそのまま筆圧に伝わるかのように、
消しゴムでは消しきれない
書きなおしの跡がたくさん残っていた――。

わたしは、生まれた時から
かみさまや天使さんたちと
ずっとお話している。
わたしは、生まれた時から
だからそれがふつうだと
思っていた。

だけどちがった。
ママはもともと生まれた時
からかみさまや天使さん
たちと話していた。けどパパ
や友だちはかみさまや天使さん
たちとお話してなかった。
それを知ったのが小学2年生くらいかなぉ？

ママにかみさまや天使さんのこと話したら「なんでそんなこと知ってるの!?」とビックリされた。

わたしは、逆にビックリした。いままでみんなわたしと同じと思っていたんだもん。

わたしができるのは、それだけではない。

人のオーラというものが見えたり、おなかの中にいるあかちゃんが見えたりおなかの中のあかちゃんと話せたりもする。

もっといろんなことができるけど、言葉にできなかったりする。

とにかくいろんなことができる。

ときどき、「すみれちゃんいいなそんなことできていいな」って言われるけどわたしは、こういうういろいろなことができるけど「わたしだけがとくべつ」とはわたしは思ってない。

だってとくべつなのはみんな
も同じ だら。
だれかだけがとくべつなん
てない。

みんなとくべつ!!

生まれたことじたいが
とくべつだから。
とくべつじゃない人なんて
この世界にはいない。
何回も言うのは、みんなに
しってほしいから　だれも
がとくべつだっていうことを、、

すみれちゃんがくれた手紙は、全部で79枚。
そのメッセージを読みおえたとき、
僕はこう確信した。

「かみさまと出会ってしまった」

と。

そこに書かれた全てが、
小さな体から紡ぎだされた、
宇宙よりも壮大な言葉だったのだから――。

まは5年生

すみれ——著

かみさ
小学

もくじ

のぶみ&すみれの神トーク!❷

のぶみ&すみれの神トーク！❸

のぶみ&すみれの神トーク！❹

のぶみ&すみれの神トーク！❺

●すみれちゃんについて

- 誕生日　2007年3月5日
- 性別　女の子
- 血液型　O型
- 星座　魚座
- 家族構成　パパとママとお兄ちゃんと私
- 性格　しっかり者だけど甘えん坊
- 好きな食べ物　ピザ（特に、マルゲリータ）
- 嫌いな食べ物　ピーマン、パプリカ
- 得意なこと　歌を歌うこと
- 苦手なこと　勉強とスポーツ（バドミントンは別）
- 好きな授業　道徳
- 嫌いな授業　道徳以外
- 将来の夢　歌う助産師
- 好きな色　紫

- 最近驚いたこと　家の天井から金粉みたいのが降ってくる
- 空の上でやっていたこと　2番目のかみさま
- お話できる相手　人間、かみさま、天使、妖精、宇宙人、薄い人（幽霊）、おなかの中のあかちゃん、石や物……など
- できること　オーラを見る、前世を見る……など
- できないこと　物を浮かしたり、ガラスを割ったり　超能力みたいなこと

私が知っている、もうみっつのこと

私はオーラが見えたり、
かみさまの声が聞こえたりする以外に
もうみっつ、みんなに伝えられることがある。
それは、胎内記憶と前世記憶、あとかみさまの国のことだ。

胎内記憶というのはママのおなかの中にいたときの記憶のこと。
前世記憶というのは、今世の前の人生、
ようは生まれ変わる前の記憶のことだ。

かみさまの国というのは宇宙にいるたましいや、
かみさまや、天使さんたちがくらす国。

かみさまの国はひとつだけではない。
かんたんに言うと かみさまの国の中には国がある。

国の名前は全部かみさま国で、 全部の国が同じ名前だ。
国をどうやって見わけているのかというと、
それは私にも分からない。
ただ、 なんとなく分かってしまう。
とてもふしぎだ。

かみさまの国ではふしぎなことが いっぱいおこる。
いつも幸せなことがおこる。
かみさまの国は幸せの国だ。

だけど、かみさまの国はいいかみさまの国だけではない。
悪いかみさまの国もある。
その国には、悪いかみさまや、悪い天使さんや、
悪いたましいがくらしている。
悪いかみさまたちは、
悪いことをする人たちを　おうえんしている。

でも、いいことをすれば　いいかみさまたちが　おうえんしてくれる。
だから、今からでも　ちょっとずつでもいいから、いいことをする。
そうすれば、いいかみさまたちが　おうえんしてくれるから……。

どんないいことをすればいいかというと、
たとえば相手を　えがおにしてあげたり、
相手の話を聞いてあげたり、

とてもたんじゅんなことでもいい。

自分を守ってくれているかみさまや天使さんに
心からお礼を言ったりすると、
かみさまや天使さんたちがおうえんしてくれる。

でも、まずいいことをする前に
自分をえがおにすること。
つくっているえがおではなく
幸せからくる自然なえがおを……。

かみさまってこんな人だよ!!

質問で「かみさまはどんな人なの?」と
聞かれるときがある。

かみさまも人間といっしょで、好みもあれば個性もある。
でも、共通するのは、
おもしろいってことと、お酒が大好きということ。
まぁ、かみさまは数えきれないほどいるから、全員ではないと思う。
でもほとんどのかみさまがおもしろくて、お酒が大好きだ!!
いや、大好きどころじゃない!!
大大大好きだ(笑)!!

あと、かみさまのアドバイスとかの言葉はとてもシンプルだ。

かみさまはとてもふざけている。
ときどきこまる（笑）。

あと、朝おきるのがとてもおそい。
午後の1時におきるのはふつうだ。
ていうか、もう朝じゃない（笑）!!

でも、そんなかみさまだけど、ひとつだけ言えることがある。
かみさまはやさしい。
いつも人間を見守っておうえんしてくれている。
たとえふざけてても、お寝坊でも気にかけてくれる。
それがかみさまだ!!

あなたは世界にたったひとりのたからもの

あなたは世界にたったひとりしかいない存在。
だってあなたと同じ声の人なんていないし、
あなたと同じ心をもつ人なんていないでしょ？

世界にとったら、ひとりひとりがたからもの。

みんな自分の意見をもっていて、
みんないろんな考え方があるでしょ？
そのいろんな意見で、どんどん地球を
キレイにしていける。
ひとりひとりの力ってじつはすごく大きい。

ひとりひとりがいいことをすれば、地球はキレイになる。

「私なんて、必要ない」とか思わないで!!
あなたが必要!!

言ったでしょ?
あなたはこの世界でたったひとりだって。
そのたったひとりが必要。
あなた以外に100人や200人いたってダメ!!

だってその中にあなたはいる?
世界はたったひとりのあなたを　もとめている!!

あかちゃんはおなかの中でどんなことを思っているか

私はおなかの中にいるあかちゃんと離れていてもお話ができる。
一度会ったらずっとつながっている。

よく、
「あかちゃんたちっておなかの中でいつもどんなこと言ってるの？」
と聞かれる。
おなかの中にいるあかちゃんたちは、いろいろなことを言っている。
たとえば「自分の名前は、こんなのがいいな〜」と言っていたり、
あと、科学的ではないけれど、
おなかの中で性別を決める子もいる。

ほかにも、

「ママやパパは女の子と男の子どっちのほうがよろこぶかな？」
とか、いろいろなことをいつも言っている。
おなかの中にいるあかちゃんたちは、
みんなワクワク、ドキドキしてるから、
生まれるのがたのしみでいつもいろんなことを話しかけてくる。

「今日、ママのたんじょうびだから　おめでとうと言っといて」
とか言ってくる子も多い。

ママのおなかから透けて外が見えてるから
いろんなことも分かってしまう。
なので、「あ‼　今日、ママがつまみ食いしてた〜」
と笑いながら言ってくる子もいる（笑）。

ホームランを打とうとするな。ヒットでいい!!

人間はホームランを打とうとすると、失敗する。
だから、ヒットでいい。

人生もいっしょ!!
もちろんホームランをぜったいに打とうとするなとは言ってない!!
ただ、かんぺきを目指さなくても
意外に幸せに生きられるよ。

かんぺきは自分をせめるだけ!!
もっとかんたんに　たのしく生きて。
だってあなたはもう幸せに生きていいんだよ?
もうあなたらしく生きなさい。

えがおはえがおをよぶ

えがおには、すごい力がある。
ひとりが　えがおになれば　みんなもえがおになれる。
えがおは、えがおをよぶ。
きっとみんなも経験したことがあると思う。

言葉では、あんまりあらわせないけど、
とにかくえがおはすごい。

これだけは言える。
えがおは、みんなを幸せにできる。

のぶみ＆すみれの神トーク！❶

かみさまってほんとうに白い服を着たおじさんなの？

日々、こどもの心と向きあいつづける絵本作家ののぶみさんが、すみれちゃんだけが知る空の上の世界のヒミツを聞きだしてくれました。

のぶみ　すみれちゃんって、今世の人間になる前はなにをやってたの？

すみれ　かみさま。……空の上で、かみさまやってたよ！

のぶみ　**えーー！　いきなりすごい答えだね。職業＝かみさまだなんて！**
ところでかみさまって空の上にひとりしかいないの？

すみれ　んー、いっぱいいいる。数えきれない。
あと、かみさまには階級がある。

のぶみ　ひえー、そんなにたくさんか！　かみさまがひとりじゃないことにもびっくりだし、階級もあるのかぁ。地球で言う「会社」みたいだね（笑）。じゃあ空の上には、かみさま以外にも誰かいるの？

すみれ　魂と天使さんがいるよ。

のぶみ　え？　かみさまと魂ってなにがちがうの？

すみれ　えらいかみさまは、下の階級のかみさまたちにいろいろ教えたりする。魂はさらに下にいて、かみさまになるために地球にきて修行をするんだよ。

のぶみ　なるほど、分かった！　かみさま界の階級は、ピラミッド型になってるのか。とするとこのピラミッドは何段階ぐらいあるの？

すみれ　段階……それももう数えきれないくらい！

のぶみ　うげ、そんなに。じゃあ、大きく分けるとどうなってるかなら分かる？

すみれ　それなら、なんとか。

のぶみ　すみれちゃんのいた階級はピラミッドで言うどこらへんなの？

すみれ　（日本の中で）二番目だよ。一番えらいかみさまの次。

のぶみ　すみれちゃん、めっちゃえらいかみさまじゃん！　二番目のかみさまってひとりだけ？

すみれ いや、二番目はふたりいる。

のぶみ え、もうひとりいたんだ。ちなみに三番目は？

すみれ 三番目は、３人。

のぶみ うん、やっぱりだ。なんか少しだけ空の上のことが分かってきたや。

……てことは百番目は１００人だ、きっと。

すみれ そう。そんな感じ。

のぶみ ってことは一番目はひとりしかいないってことだよね？

すみれ そう、ひとりだけ。

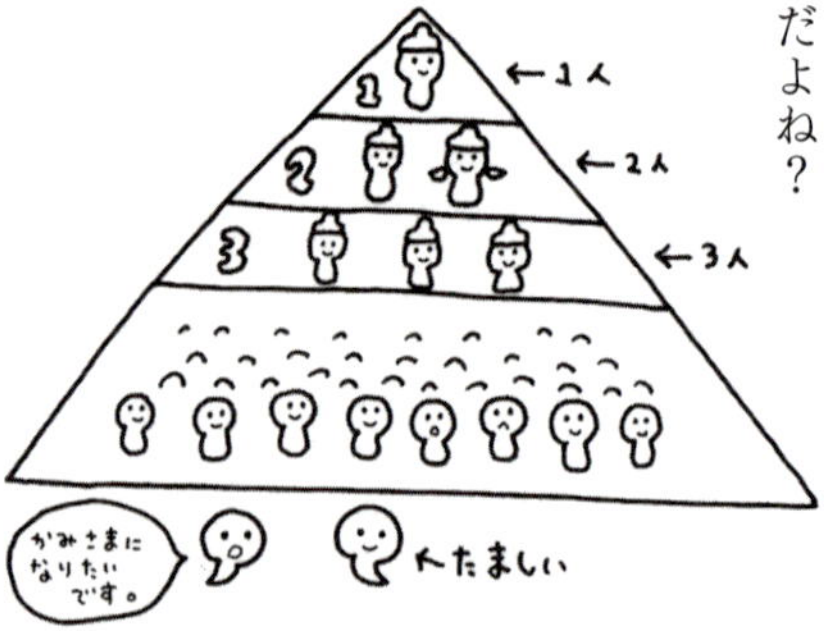

のぶみ　じゃあ、この一番えらいかみさまについていろいろ聞きたいんだけど、どんな顔なの？

すみれ　俺らが知ってるかみさまって、
ボサボサの白いヒゲが生えてて、
頭がツンツルテンで、
なんか杖《つえ》みたいな棒を持ってるんだけどどう？

のぶみ　うーん、なんかちがうなぁ……。

すみれ　ちがうのか。えっと〜念のために確認だけど、人の形はしてるよね？

のぶみ　うん（笑）。人の形してるよ。ほとんどのかみさまは金色の服を着てる。ほかの服を着ることもあるけど、金色の服を着ることが多いよ。

すみれ　**白装束じゃないんだ！**

のぶみ　じゃあ下は？　もちろん裸ってことはないよね？

すみれ　下はね、黒いハカマかな。

のぶみ　よかった〜ちゃんとはいてて。
性別は男性？

すみれ　うん、男の人だよ。

のぶみ　じゃあ、すみれちゃんもかみさまのときは男だったってこと？

すみれ　いや、私は空の上でたったひとりだけの女性のかみさまだったの。

のぶみ　えーーー！　数えきれないぐらいいるかみさまの中で、たったひとりだけ性別がちがったのー？

ねえでもそれってなんだか、おじさんにかこまれて大変そうだね。

すみれ　うん、男のかみさまって飲んだくれだし、酔っぱらうし、うるさいし大変！

のぶみ　へえ、それはたしかに大変だ！　でもそんだけ周りが酔っぱらった男ばっかりだと、「今晩、俺とつきあえよ」みたいなことを言ってくる男のかみさまはいない？「ちょっとぐらいいいだろう？」って。

すみれ　そしたらビンタする！　てか一番上のかみさまは、そんな下品なこと言わない。言ってくるのはだいたい、下っぱのかみさまたち。

のぶみ　ビンタ（笑）！　それでもしつこく言い寄ってきたら？

すみれ　ほんとうにむかついたときは、かみさま失格だから、辞めさせる。

のぶみ　そ、そんなこともできるんだ。こえー……。それはつまり魂にもどすってこと？

すみれ　そう。「かみさまにもう1回なりたければ、修行してこい！」ってね。

のぶみ　かみさまたち……お酒には気をつけなきゃだね……。

でもそれだけかみさまの世界が男社会ってことは、やっぱりみんなヒゲは生えてるんじゃない？

すみれ 生えているかみさまもいれば、そうじゃないかみさまもいるよ。ただ生えてるかみさまは、ボサボサの白いヒゲじゃなくて、黒くてちょっとだけ長い感じ。

のぶみ ちょっとなんだ。どれぐらいだろう？　ちょびヒゲって感じかな？　それとも首がかくれるくらい？

すみれ えっと〜、首がかくれるくらい。

のぶみ もちろんすみれちゃんは女性のかみさまだから、ヒゲも生えてなかったよね？

すみれ もちろんだよ！

のぶみ よかった（笑）。じゃあ、かみさまって手にはなんか持ってる？

すみれ 持ってるときと、持ってないときがある。

のぶみ 妙にリアルだね、それ。ちなみに持ってるときはどういうやつを？

すみれ 太鼓とか、杖とかかな。あ！　あと、みんな絶対に帽子をかぶってるよ。

のぶみ それはみんなハゲてるから？

すみれ　ちがう、ちがう。髪の毛はみんなあるよ（笑）。だけど空の上の規則で、髪を絶対に見せちゃいけないことになってる。

のぶみ　だから、毎朝髪の毛を1本残らずていねいに帽子の中にしまうの。

すみれ　え？　そのルールをやぶったらどうなるの……？　怒られたり？

のぶみ　怒られはしないけど、そういう規則なの。なぜそう決まったのか、理由は知らないけど。

すみれ　でも、1日中かぶってたら臭くならない？　みんな、おっさんなわけだし。

のぶみ　いやそれはだいじょうぶだよ（笑）。ぴったり頭にくっついて、1日たったらパカッてとれるようになってる。

すみれ　臭くないのかぁ。通気性がいいのかなぁ。

のぶみ　その帽子ってもしかして、あの大黒さまがかぶってるような派手な色で丸くてふわっとしてるやつ？

すみれ　ん〜、というよりは、もっと先っちょがちょこんってとがってて、黒い。

のぶみ　ってことは、あかちゃんがよくかぶってる、とんがりニット帽に近いイメージだね。

かみさまの見た目もなんとなく分かってきたぞ。

じゃあ、この一番えらいかみさまって主になにをやる人なの？

すみれ かみさまの一番の仕事は魂からの「このお母さんのところに行きたい」っていうリクエストを聞いてあげること。

のぶみ へえ！　このかみさまが決定権を持ってるんだ！

すみれ そう。それは一番上のかみさまにしかできないことだから。このかみさまがいいって言わないと、魂は地球に行きたくても行けないの。

のぶみ **かみさまは、世界中のママさんに魂を配る人なんだね。**

ちなみにどんなときに「行っちゃダメ」って言うの？

すみれ ママのお腹の中の調子がよくないとき。地球に行ってもあかちゃんたちが不幸になるって場合は止めることがある。

のぶみ なるほど。でもそれってけっこうな分量の仕事だよね。ストレスでガリガリにやせたりしちゃうんじゃない？

すみれ いや、それがかみさまってすごく太ってるんだよね。

のぶみ ひょえ――！　そんなに忙しいのに太ってるんだ！　やせようって気はないの？

すみれ いっつもダイエットしてるよ（笑）。ジャージを着てね。

のぶみ ジャージ!?　……3本ラインが入ってるような？

すみれ うん。それで色はピンクとか白。おもしろいのが、かみさまって太ってるから、ジャージが入らなくてお腹がぽっこり出ちゃってるの！

のぶみ まじか（笑）。でもさ、ダイエットしてるならなんでそんなに太ったままなんだ？

すみれ だって……。

のぶみ だって？

すみれ ジャージ着たらダイエットした気になって、いつも3分も持たないんだもん（笑）。

のぶみ　人間と一緒じゃん！　ダイエット番組を見てるあいだはやせる気になってるけど、見おわったら記憶にすらなくなってる、あれ！

すみれ　いつも言ってるよ。「今度こそ、今度こそ」って。

のぶみ　**かみさまってけっこう人間臭いんだね**（笑）。

すみれちゃんからの手紙を読んでいて、
驚いたことがある。

それは、この手紙の内容と、
彼女が2年半も前から書きつづけているブログに、
なにひとつ矛盾しているところがないことだ。

僕の経験上、上司や先生、親など
いわゆる〝教える側〟の言っていることというのは、
案外、適当なものである。

「こうしたほうがいい」と言っていたアドバイスが、
数日後、真逆の内容に変わっていたりする。
これはあくまでもその助言が、
その人個人の〝意見〟でしかないことに起因している。

そういう意味で言うとこの手紙は、
小学生の女の子が、
そのときどきに感じたことを書いた感想文などではなく、
彼女自身が実際に見たままの事実をまとめた
ある種、ルポルタージュのようなものなのかもしれない。

かみさまと天使さんのちがい

かみさまと天使さんたちは人の守る部分がちがう。

かみさまはどっちかというと、
体のほうを守っている。

天使さんはどっちかというと、
心のほうを守っている。

かみさまも心を守るけど、
中心的に守るのは体のほうで、
天使さんも体を守るけど、
どっちかというと心のほうを守っている。

このちがいはとっても大事!!
どっちも体を守っていてもダメだし、
どっちも心を守っていてもダメ。

ひとりの人間だって、
心があって人間だし、
体があって人間!!
だからみんなは、
かみさまたちや天使さんたちに守られて
ひとりの人間として生きている。

かみさまや天使さんが一番伝えたいこと

かみさまや天使さんがみんなに一番伝えたいこと。
それは、「幸せにくいのないように生きること」。
これをかみさまや天使さんが、
なにより伝えたいといつも言う。

まず、幸せに生きなきゃはじまらない。
人生は幸せではじまり、幸せでおわる。
えがおではじまり、えがおでおわる。
おわりはやっぱりくいなく
空の上（かみさまの国）に行きたいよね。
ならくいなく幸せに生きなきゃね。
「あ〜たのしかった」ってかみさまの国で　じまんできるくらい。

やっぱり幸せっていいよね。
人間って経験するために生きてるけど、
幸せでたのしく生きるために、
地球におりてきてるっていう意味もある。

「今までの人生あんまり幸せじゃなかったな～」

って思う人は、これから幸せになろう!!

ちょっとずつでいいから幸せにしていこう!!


これだけはわすれないで!!

「幸せにくいのないように生きること」

これは、あなたの……

いや、みんなの人生の課題のひとつだから!!

人間はこのくらいがちょうどいい!!

みんな「いん　と　よう」って知ってる?
いんとようはこんな感じ……。

みんなはたぶん「いん」に悪いイメージがあると思う。
でも、それはちがう。
いんも　ようも　とっても大切!!
だって「いん」と「よう」は
きょうりょくしあってるんだもん!!
考えてみて。

「よう」だけしかなかったら、
相手が悲しむと思っていいウソをついたり、
ほんとうは正直に言ったほうがいいのに言えなかったりする。
ほんとうのことを言わないといけないときは「いん」が必要!!
「いん」だけしかなかったら、
空気読まずいろんなことばっかり言っちゃったりする。
だからこういうときに「よう」が必要!!

こうやって「いん」も「よう」も
きょうりょくしあってこの人間がある。
だから「いん」も「よう」も必要ってこと。
人間はこのくらいがちょうどいい!!

みんな生まれる前、かみさまの国にいるときに
「いん」と「よう」をおしえてもらう。

誰におしえてもらうかというと、
かみさまの国にも学校があって、
その学校でおしえてもらう。

その学校では、かみさまや天使さんたちが先生だ。

「別にいんとようなんて
自然にできるものなんだからいいじゃん」
って思う人もいるかもしれない。
でも、おしえなくてはいけない。

なぜかというと、
「いいことしなきゃ」と「よう」なことしか
できなくなってしまう人がいるからだ。

「よう」だけに人生をしめつけられないように。
まぁ「いん」にしめつけられてもよくないけど……。

「いん」も「よう」も人間には必要！
「いん」と「よう」は、
人間になくてはならないものです！

生まれ変われるけど、今世は一度きり！

みんな、今すっごい幸せ？
幸せな人はそれでいい。
でも、そうじゃない人は、このままじゃダメ!!
もっと、幸せにならなきゃ。

何回も、たましいは生まれ変わるけど、
今世は一度きり!!
だから今をたのしんで幸せにならなきゃもったいない!!

だってあなたは、今生きているんだから。

「あ～たのしかった」って生まれ変われるようにね。

のぶみ&すみれの神トーク！❷

空の上の世界ってどんなところ？

すみれちゃんが教えてくれた空の上の世界は、想像通りだったり、予想外だったり。ただやっぱりとても不思議な場所であることにちがいありませんでした。

のぶみ すみれちゃん。かみさまがどんな人かってことはよーく分かった。だけど、〝空の上の世界〟っていうのは、「晴れ」とか「曇り」を指す、あの空の上ってことでいいのかな？

すみれ ちょっとちがうよ。

のぶみ じゃあ、宇宙に近いのかな？

すみれ 宇宙は、かみさまや天使さん、あと魂とか宇宙人が住んでいるところ！

宇宙と地球のあいだにもうひとつ世界があって、そこが空の上の世界。その空の上は魂が遊びにくる場所。

のぶみ 新情報がありすぎて、頭が軽くパニックだよ……。

その空の上の世界ってのは、雲しかないのかな？

それとも地球みたいにソファとか、机があったりするの？

すみれ ソファとか机っていうか……、地球と同じように噴水とか自然もあるよ。でも、どちらかというと自然が多い。公園みたいな感じかな。

のぶみ え！　変わらない!?　じゃあ、ほら本とかでよく言われる、想像したらなんでも出てくるみたいなことはできないの？

すみれ いや、できるよ。ピピッて食べたいものを想像すれば出てくる。

のぶみ それはボワワワーンってランプの妖精みたいに現れる感じ？

すみれ というよりは、想像した瞬間にポンッと出てくる。

のぶみ **すげー！　じゃあ、すみれちゃんが大好きなマルゲリータも食べ放題じゃん！**

すみれ うん（笑）。

のぶみ でもさ、そのときに頭で忠実にマルゲリータを想像するのって難しくない？　チーズがどれくらい乗っててとか、耳の厚さはどれくらいで、とかさ。
そしたら、おかしなピザが出てきたりしないの?
丸くないピザが出てきちゃったりとか。

すみれ

いや、おぼろげでも想像できれば、ちゃんと出てくるよ!
たとえば、食べかけのハンバーガーを想像しても、ちゃんときれいなハンバーガーが出てくるし。

のぶみ

ぐっ……宇宙って、魔法の基準が甘いんだね。
宇宙ではどんな食べものが人気なの?

すみれ　時期によってけっこう変わったりするんだけど、今はラーメンが人気！　あとはアーモンドチョコも人気だよ！

のぶみ　高カロリーなものばっかり！　だからかみさまは太るんだよ（笑）‼　じゃあ、逆に魔法で出てこないものはないのかな？　食べたことがないものはどうなるの？

すみれ　食べたことがなくても、宇宙から地球を見て、それを想像できればポンッと出てくるよ。

のぶみ　ますます基準が甘い。

すみれ　うん。でも想像できなかったり、言えなかったりすると、出てこない。

のぶみ　なるほど「想像」がポイントなんだ。想像することから始まるってことだ。売り切れになることもない？

すみれ　ない。絶対にないよ（笑）。

のぶみ　なんて便利なんだ！　ネット注文より早いし、確実だね！　**だったら、ずっと空の上にいたほうが楽だし幸せじゃない？　なんで魂たちはわざわざ地球にくるの？**

すみれ　それは、魂からすると、地球にきたほうが経験値が上がるからだよ。

苦しみだったり、悲しみだったりって、地球でしか体験できないから。そうやって修行をすることで、かみさまになれたりする。

のぶみ　なるほどね。不自由になったほうが分かることもあるってことだよね。ところで、空の上の世界ですみれちゃんが仲良くしてた魂とかいるの？

すみれ　いっぱいいいるよ！

のぶみ　名前は覚えてる？

すみれ　それが魂たちに名前はないの。

のぶみ　**ないのか。じゃあ、地球にきて名前をもらうことも経験のひとつなんだね。**

すみれ　そう。だから自分の名前は大事にしたほうがいいんだよ！　せっかくもらえたんだから。

あ、でもほかに地球と同じようなところって言えば、国はある。

のぶみ　ん？　空の上にも国がある？

すみれ　そう。地球のイギリスとかアメリカみたいに、空の上にも国があるんだよ。

のぶみ　なるほど。ってことは、全ての国に「かみさまピラミッド」が存在するってこと？

すみれ　いや、ちゃんとした「かみさまピラミッド」があるのは、一番えらいかみさまがいる国だけだよ。
それでこの国以外のリーダーは、一番大きな国の「かみさまピラミッド」の中のある程度上位のかみさまたちがなることになってる。

のぶみ ねえ、これって一番上のかみさまがいる国が「本社」で、一番えらいかみさまは「社長」みたいなもんでしょ？
それでほかの国は「支社」で、支社のリーダーが本社から派遣されて「支社長」になる、みたいな構造になってるよね。
……やっぱりかみさまの世界って、まるで会社みたいだ！

すみれ あ、でもね「国」って言ったけど、地球みたいに国同士が戦争したりはしてないよ。みーんな仲良し。

のぶみ へえ、それはステキだ♡　空の上は異文化コミュニケーションがちゃんととれてるんだね！
地球も早くそうなるといいな。

すみれちゃんの話を聞いたあと、涙を流しながら、
「生きててよかった……」
と言って帰っていく人が多いらしい。

「生きててよかった」という言葉は最強だ。

辛いときにも、悲しいときにも、苦しいときにも、
「生きる」という行為が付いてまわる。
でも、「生きててよかった」と思えた瞬間、
その全ての感情を肯定することができるからだ。

辛くても、
悲しくても、
苦しくても、
生きててよかった。

そう思わせる力がすみれちゃんの言葉にはある。

みんな、自分を選んで生まれました！

あなたは誰？
あなたはあなただよね。

相手をマネしなくていいんだよ。
相手がカッコよく見えても、
マネしてあなたがあなたじゃなくなったらダメ!!

だって、あなたはあなたとして生まれたんだから。

自分がキライで自分をかくしたい人もいる。
でも、自分をかくすのはダメ!!

もちろん誰だって自分のキライなところはあると思う。
それがあるのが悪いわけではない。

ただ、私が言いたいのは、
自分をかくすのがダメだってこと!!

だって、かんぺきな人なんてどこにもいないでしょ?

みんなできないことがある。
かんぺきじゃなくていい。
そのままのあなたで生きて!!

使命にしたがわなくたっていいんだよ

よく「私の使命ってなに？」と聞かれる。

使命をおしえてあげると、
「私、これからは使命のとおりに生きていかなきゃ!!」
とみんな言うけど、それはちがう。

自分の使命を知るのは大事だけど、
その使命にしたがわなくてもいい。

ずっと人生を使命にしばられてたら
今世をたのしく生きられないよ。

言ったよね？
何回も生まれ変われるけど、
今世は一度きりだって！

もちろん自分自身が今世、たのしく生きられる方法は、
自分で選んで。
相手には決められないことだから。

自分を信じてみとめなさい!!

あなたは、自分のことを信じてみとめてる?

自分を信じてみとめるのって
意外とむずかしいよね。
かんたんだと思っていても、
どこかで自分を信じられなくなっちゃう。

でも、自分を信じてみとめるのって
すっごい大事なこと!!

自分を信じてみとめないと、
自分を好きになれないし、

自分の好きなことができなくなる。
ってことは、相手のことも
信じてみとめられなくなる。

だって、自分を信じてみとめてないってことは、
信じ方、みとめ方を知らないってことでしょ？

「信じ方」と「みとめ方」って、
誰にもおしえられないの。
人によって信じ方、みとめ方ってちがうから。

だから、自分でおぼえないとダメ!!
むずかしいと思う。
でも、むずかしいのは、みんないっしょだよ!!

時間はたっぷりかけていい!!
時間はかけるためにある!!
時間をかけて学びなさい!!

信じ方とみとめ方を……。

生きてるときくらい、いいじゃないか!!

生きてるときくらい　いいじゃないか!!
ふざけたっていいじゃないか!!
アホでもいいじゃないか!!
アホでなにが悪い!!
ふざけてなにが悪い!!
たのしく生きてなにが悪い!!
きゅうくつな箱から、出てきなよ。
もう、自由に生きなよ。
心にしたがって生きなよ。
いっぱい遊びなよ。
こどもにもどりなよ。
もうこれからは、自分の好きなとおりに生きなよ。

心の本音を聞くと毎日きもちいい

みんな、自分の心の本音って聞いてる？
自分の心の本音ってじつは、
意識してないけど口に出てる。

たとえば、
「あ〜なんにもしたくない」とか、
「仕事行きたくない」とか、
こういうのも心の本音。

心の本音には、なるべくしたがったほうがいい。
もちろん「仕事行きたくない」とかはムリかもしれないけど、
「アイス食べたい」とか、

できることはなるべくやったほうがいい。

心の本音にしたがうと体もよくなる。
体がスッキリしたり、
えがおですごせたり、
ストレスがなくなったりする。
ストレスとかって、
心の本音にしたがわないから出てくる。
もちろん心の本音を全部聞いてしたがうのは、限界がある。
でも、もし自分の心の本音を聞いてできることがあったら、
なるべくしたがってね。

そしたら、毎日きもちいいよ。

自分の言葉は一番の薬

ほんとうは自分の言葉ってなによりもつよい薬。
いい意味でも、悪い意味でも、つよい薬。

たとえば「私はキラわれものだ」とか
自分に言ったら　ほんとうにそうなっちゃうし、
「私は幸せだ」って言ったら、
ほんとうに幸せになれる。

なぜ、自分の言葉がつよいか分かる？
相手に「あなたって幸せね」って
言われても、自分がそう思ってなかったら意味ないでしょ？

ようは納得してるか、納得してないかのちがい。
自分を幸せにできるのって、
ほんとうは自分しかいないんだよね。

これだけはおぼえておいて。
自分で自分を幸せにできるってことを。
自分でしか自分を幸せにできないってことを。

あなたの名前はたからもの

あなたは、自分の名前が好き？
私は、自分の名前が大好き。

たましいって名前がないんだ。

だから、地球にいるときの名前は
大事にしなきゃ!!
自分の名前がキライな人もいるけど、
なんでキライなの？
自分の名前の漢字がキライ？
その名前に悪い思い出しかなかった？
たぶん、いい思い出もあったと思う。

たましいには名前がないから、
名前がほしくて生まれてくる子もいる。

たとえ名前がキライでも
あなたの生まれたときからの名前はそれひとつでしょ？

ぜったいにキライになっちゃダメとは言わない。
でも、すこしずつでもいいから
自分の名前の好きなところを見つけて、たからものにしよう。
だって、自分の名前は今世で一生つかうものだから。

相手の言うことが聞けないのは当たり前

人間は相手の言うことが聞けない。
それは、当たり前だ！
だって自分の意見をちゃんともっているから！
自分の意見をもっていない人は
どう生きていけばいいか分からないから、
人の言うことを聞いているんだ。

相手の言うことが聞けないということは
そんなに悪いことじゃない！
だって自分の意見をもっていて、
ちゃんとそのとおりに
生きているということだから！

答えを全部知ってる人

自分の胸に聞いてごらん。
きっと、あなたにあった、
答えをおしえてくれるはず。
だって、あなたのことを、
一番分かってるのは、あなただから。
あなたをよく知ったあなただから、
あなたが、ほんとうに必要なことを
答えてくれるはずだよ！

幸せからくるえがおの力

みんなは幸せからくるえがおの力って知ってる？

幸せからくるえがおは、すごい力をもっている。

どんな力かというと、
倍の幸せがかえってきたり、
自分にとっていい人をよびよせたりする。

ほかにも　もっといろいろな力がある。

幸せからくるえがおは、
自分も相手も幸せになれる。

それが幸せからくるえがおの力だ。
幸せに勝てるものなんてない。
それにえがおがプラスされてるんだから、
パーフェクトだね！

のぶみ＆すみれの神トーク！❸

宇宙人はほんとうに存在するのか問題

目撃情報が絶えない宇宙人ですが、存在の有無はいかに？　そんなことをふたりが話していると、意外にもそこから人間のルーツが見えてきました。

のぶみ　ねえ宇宙人って、よく言われているのが、人間の進化版じゃないかってことなんだけど、すみれちゃんはどう思う？

すみれ　ちがうよ。

のぶみ　お、さっそく楽しそうな話が聞けそうだ（笑）。見た目は、どんな感じ？　みんなが想像するような銀色で、頭が大きくて、目がグリッとしてるやつ？

すみれ　うん、遠くはない。でももっとかわいい。

あと手はあるけど、指がない。
遠隔で物を持ちあげられるから、指が必要ないの。

のぶみ ……あの、すみれちゃんひとつだけ確認なんだけど、この話って聞いてだいじょうぶなんだよね？　話してて少し不安になったんだけど、聞いたからって宇宙人にさらわれたりしないよね？

すみれ だいじょうぶだよ（笑）。これは話していいやつだから。

のぶみ ホッ。だいじょうぶじゃないやつがあることにもびっくりしているけど、そこは触れずにいこう。

すみれ　じゃあまず、かみさまと宇宙人っていうのは、どんな関係なの？

のぶみ　ふたりはお話できるよ。もし宇宙人が「地球に行きたい！」と思ったら1回魂になる必要があるから、一番上のかみさまにお願いするの。

すみれ　それでOKが出たら魂になれるのか。でもやっぱり「宇宙人にもどりたい！」ってなったら？

のぶみ　それはできない。ただ、魂も1回だけなら宇宙人になれるんだよ。

すみれ　でもそれも魂にはもどれないいんだよね？

のぶみ　うん、もどれないよ。

すみれ　じゃあさ、宇宙人って言えばほら、地球で本をいっぱい出してるバシャールさんが言っていることはほんとう？

のぶみ　あの人はすごいよ。言っていること、全部がほんとうのこと。

すみれ　ちなみにあれは、かみさまの言葉を降ろしてるわけではないいんだよね？

のぶみ　うん、あのおじさんが降ろしてるのは、宇宙人の言葉。宇宙人としゃべってる。

すみれ　うわ――ますます、宇宙人っていうのがなんなのか分からなくなってきた！

のぶみ　ねえすみれちゃん、さっき宇宙人は人間の進化版じゃないかって聞いたじゃない？じつはそれには理由があってね、人間って「猿から進化した」って言われてるじゃんか。

すみれ うん。

のぶみ でもそれって嘘《うそ》じゃないかなって小学生のころから思ってたんだよ！　だって、進化論の過程のイラストを見てて、猿から人間になるようには思えないんだもん。
ある意味で人間って毛も抜けて、くつをはいて服を着なきゃいけないし、筋力も落ちて、あきらかに退化しちゃった気がするし。
あ、先に聞いとくけどこれは、言っちゃいけないこと？

すみれ いや、言ってもいいことなんだけど……じつは、人間の進化は猿からではない。

のぶみ　**やっぱり！　動物園にいる猿が、どう進化したって人間になるわけないよ！**

すみれ　最近の科学でもさ、初期の人類とされているアウストラロピテクスとジャワ原人が全く別ものだということが分かってきてるんだって！

のぶみ　アウストラロピテクスって教科書で見るかぎり、どう見たって猿だもん！

すみれ　うん、猿は猿。人間は人間。

のぶみ　でもさ、そうなると人間ってどっからやってきたの……？

すみれ　上から降ろされた。

のぶみ　て、転送されるみたいに？

すみれ　そう。もちろんあかちゃんがやってきても成長できずに死んじゃうから、大人がきた。

のぶみ　**なんなんだ？　この「こどもが先か、大人が先か」みたいな話は！　降ろしたやつは宇宙人なの⁉　かみさまなの⁉**

すみれ　かみさま。

のぶみ　何人降ろしたの？　もちろんひとりってことはないよね？

すみれ　50人くらい。

のぶみ　人間の初期メンバーは1クラス分くらいかぁ。でも、地球にきてすぐオオカミに食べられちゃったりしないの？　だって、人間って動物からしたら食べやすそうじゃん。毛がないし。

すみれ　いやだいじょうぶ。その人間たちは、特別だから。かみさまに守られてる。かみさまとお話もできるし。

のぶみ　男女比はどれくらいなの？

すみれ　ごちゃごちゃだけど、少しだけ女の人のほうが多かった。

のぶみ　女の人のほうが強いからだ。は！　ていうか、地球にはいろんな国があるわけだけど、アダムとイブがいて、イザナギとイザナミがいて……、各国のそういう祖先みたいのを足していったら、まさか50人になるとか……？

すみれ　ふふふふ。

のぶみ　すみれちゃん、なんだよその笑い！　ねえ、もう1回だけ聞かせて。これってほんとうに聞いてもだいじょうぶな話？　ねえ、すみれちゃん！

――胎内記憶。
それは、あかちゃんが地球にやってくる前の記憶や、
ママのお腹の中にいるときの記憶のこと。

普通の人は、これらの記憶を
生まれて間もなく忘れてしまう。
でも、すみれちゃんは
この空の上の記憶やお腹の中の記憶を持ったまま、
10歳まで育った。

そんな彼女が教えてくれたのは、
あかちゃんたちには、
空の上から「ママを選ぶ自由」を
与えられているということ。

つまり、「選ぶ自由」を与えられてもなお、
そのママのもとで生まれたかったのだ。

すみれちゃん曰く、
これにはどうやら例外がないらしい。

ママに選ばれるって、とってもすごいこと！

ママに選ばれるってとってもすごいこと。
だって考えてみて。
世界のママやパパが何億人、いや、
もっと数えきれないくらいいるのに、
その中からひとり選ばれるんだよ。
それってほんとうにすごいこと。
数えきれないくらいのママの中から
選ばれたママってすごいよね。

私があかちゃんに
「なんでママを選んだの？」
って聞いたら、

「キレイだったから」
「やさしそうだったから」
とか言う子もいた。
でも、みんな最後に同じことを言う。
「ひと目見たら、自分のママだって思ったから」って。
あかちゃんたちがママを選んだ理由はじつはそんなに多くない。
もちろん理由が多い子もいるが、
ほとんどは理由があんまりない。
ただ「自分のママだと思ったから」とみんな言う。
かみさまや天使さんたちに言われているからだ。
「ママを選ぶときは、自分のママだと思った人にしなさい」と。
あかちゃんがいるママたち。
あなたは、世界にひとりしかいない。
あなたは、その子に選ばれました!!

ママのえがおは　あかちゃんの栄養

おなかの中にいるあかちゃんは、
ママのえがおが大好き。
なぜかというと、
おなかの中にいるあかちゃんからすると、
ママのえがおは栄養だから。

もちろん、
ママがわざと笑ったえがおじゃなくて、
幸せのえがお。

ママがえがおになると
おなかの中はオレンジ色であったかくなって、

あかちゃんの体の中が元気になる。

だから、あかちゃんはママの　えがおがだいすき。

ごはんよりもママのえがおが
ほしいっていうあかちゃんが多い。
だって、えがおは、
ごはんよりもあかちゃんの体を元気にできる
一番のお薬だもん。

空の上にいるママのおうえんだん

よく
「なんで私は、
あかちゃんに選んでもらえないのかな？」
という質問がある。

あかちゃんは　選んでるけど行けないんだ。
それには行けない理由がある。
もちろんいろんな理由があるけど、
その中で多いのが、ママのおなかの中が
あかちゃんの入れる状態じゃなかったり、
あとママが「あかちゃんがほしい」って口にはしてるけど、
心のどこかでは、まよっていたり、

ほんとうはほしくないと思ってたりすると
あかちゃんはそれが分かってしまう。
だから「行かない」と選択する子はいる。

でもやっぱり、そのママのことが
好きで大好きで選んでるから、
そのママのところに行けなくても
かみさまの国でママの　おうえんだんになる。

これだけはわすれないでほしい。
あなたには空の上（かみさまの国）に
力づよい　おうえんだんがいるということを。

言葉にできなくても、ちゃんと分かってる

あかちゃんがママになにを伝えたいのかは、
もちろんあかちゃんによっても　ちがうし、
そのとき、そのときによっても　ちがう。

でも、あかちゃんはママの知らないときに
自分のきもちをちゃんと伝えようとしている。

たとえば、ほしいものを指さしたりしている。
でもそれにまわりは、気づいていない。
だから、ちゃんとあかちゃんを見てあげて!!
見ればなにを伝えてるか分かるかもしれない。

もし、そうやって指をさして
おしえてくれなかったら、あかちゃんに、
「なにかほしいときは、指をさしたり
ママやパパに分かりやすいようにおしえてね」
と言ってあげるといい!!
あかちゃんでも大人の言っていることは
ちゃんと分かっているんだから、
ママが言いたいことはちゃんと言っていい!!

たとえ言ったことをやってくれなくても
意味はちゃんと分かっているんだから!!

人の感情はいろんな色

人の感情は色だ!!

いきなりだけど考えてみて。
怒りのイメージってどんな感じ?
私は、赤くてドッシーンみたいな感じかな。
ほら、これも色。

じゃあ、悲しみのイメージは?
私は青ざめてる感じ。
ほら、これも色。

たぶん、みんなもそんな感じかな?

ほんとうはみんな感情は色だということを知っている。
「私は分からない」と言うけれど、ほんとうは知っている。
ただそのことを知っている自分を知らないだけだ。

人間はいろんな感情の色をもっている。
それはもう生まれたときから。
いや、おなかの中にいるときからかな。

つらいことも幸せだ!!

人生は全部が幸せだ!!
「つらい」＝「幸せ」なのだ!!

そもそもつらいとはなんだ？

人間は、幸せにたのしく生きるためにいるのに、
つらいと言ってどうする!!

生きてることが幸せだ!!
動けることが幸せだ!!

世界には生きたくても生きれない人もいるし、

動きたくても動けない人もいる。
でも、あなたは生きれてるし、動けている!!
それでも「つらい」と言うのはぜいたくだ!!

すごくつらくても　がまんしろと言っているわけではない。

ただ、あなたは「つらい」という人生を生きるために
この人生を歩んでいるのかを
もう一度考えてほしい!!

のぶみ&すみれ

の神トーク！④

こどもはみんな、ママを幸せにするために生まれた？

「どうして地球に生まれてきたの？」たくさんのこどもにそう聞くと、ある共通点があると言います。そこから見えてくる、こどもたちが地球にきた目的とは？

のぶみ　今回のテーマは「胎内記憶」についてだから、すみれママにも参加してもらって、すみれちゃんが生まれたときのことを聞いてみようか。

ママ　よろしくお願いします。

のぶみ　ママさん、すみれちゃんが生まれたときって、なんか特別なことが起こったりしたんですか？　ほら、かみさまだから、光ってたとか。

ママ　光ったりはしてないです（笑）。

すみれ　でも、生まれる前から不思議なことはありました。「明日が出産予定日だよ～」ってお腹に語りかけたら突然、破水したとか。

のぶみ　だって、「生まれていいよ」ってことだと思ったから。

すみれ　**え？　ママさんの声聞こえてたってこと⁉**

ママ　うん、全部聞こえてたよ。それで、お腹から出ようと思って蹴ったら、破水した。

すみれ　そのとき、病院に行ったら担当の先生がいなくて……。助産師さんが「ちょっと待ってください！」とおっしゃったんです。

のぶみ　そしたら、ピタッと陣痛が止まりました。

すみれ　助産師さんが「止まって」って言うから、止まらなきゃって。

のぶみ　すごい～！　全部聞こえてるし、ちゃんと言葉を理解してるんだ。これって、すみれちゃんだけの特殊能力？

すみれ　いや、あかちゃんってみんな、ママとかお腹の外の声は聞こえてるし、理解してるはずだよ。お腹から出てくるときってすっごくせまいからあかちゃんはみんな、「苦しい～！」って言ってる。

のぶみ　**出産ってママもがんばってるけど、あかちゃんもすごくがんばってるんだね。**

ママ あと、不思議なことで言えば、大体のあかちゃんって「オギャー！」って産声をあげるじゃないですか。

すみれ でも、すみれは生まれた瞬間、にっこりして「ウゲッ」って言ったんです（笑）。（笑）。ほんとうは「こんにちは」って言おうとしたんだけど、言葉が出せなくて……あれ？　って。そしたら「ウゲッ」って声が出た。

ママ そのとき助産師さんが、「この子、息してないわ！」って騒ぎはじめて、呼吸をさせようとこの子のお尻をパチンってぶったんですよ。そしたらあかちゃんってそんなに動くか!?　ってぐらい足をバタバタさせて、助産師さんを思いっきりにらみつけたんです。

すみれ だって、痛かったんだもん。

のぶみ そしていよいよ怒ったすみれちゃんの体が光りだすとか？

ママ さっきも言いましたが、光らないですよ（笑）。
ただ、助産師さんがすみれの体をゴシゴシふいたあと、タオルで包《くる》んで私に渡してくれたんですね。
そしたら小さい手をヒョイと出してきて、私のお腹の上にすみれを置いたら、自分でグイグイはいあがってきて、おっぱいをゴクゴク飲みはじめたんです。

のぶみ ひとりで!? ……すみれちゃん、生きる気満々だな。

すみれ お腹空いてたんだもん。

ママ それを見て助産師さんたちもザワザワしはじめて、「ちょっとこれ見てよ！　こんなの初めて見たよね！」と驚いてらっしゃいました。

のぶみ そんな生まれて早々パワフルなすみれちゃんに聞きたいんだけど、あかちゃんってさ、なんのために地球に生まれてくるの？

このあいだ、たくさんのこどもたちに「なんのために生まれてきたか」って質問をして、それをもとに1冊の絵本を作ったのね。

そしたら、ほんとうにたくさんの子たちが、「ママを笑わせるため」だとか「ママを喜ばせるため」だって言ってた。

すみれ うん、そうだよ。なんで〝ママ〟なのかっていうと、やっぱり人間に生まれてくるためには、どうしてもママが必要だから。生まれて最初にお礼をしなきゃいけない人なの。

のぶみ 〝笑わせたい〟〝喜ばせたい〟ってお礼のことなんだ！ あかちゃんが生まれた部屋に入ると、えも言われぬ幸福感に包まれてるよね。あかちゃんの匂いとかもあるのかもしれないけど、あれってあかちゃんからママへの最初のお礼なのかもね。

でもさ、そうなると流産とかってどう説明すればいいの？ それで喜ぶママはいないと思うんだけど……。

すみれ ほかにも夜泣きとかも、ママに迷惑をかけているだけな気がするし……。

それは、ママたちに経験させるため。

のぶみ 経験？

すみれ うん。人間って経験するために生まれてきてる。

のぶみ でも、嫌な経験って必要かなぁ？

すみれ　いい経験ばかりだと、ほんとうに自分がやりたいことがかくれちゃうっていうか。試練も必要だから、人間には。

のぶみ　試練がなんの役に立つの？

すみれ　気づけないことがある。試練がなかったら、ほんとうにそれがやりたいことなのか、分からなくなるから。

のぶみ　なるほど。たとえば、歌手になりたい人がいたとして。簡単になれてしまったら、ありがたみがなくなって、歌手をやれてる時間を大切にできなくなるみたいな感じかな？

すみれ　そんな感じ。嫌な経験は、「ほんとうにやりたいこと」にかぶさってる座布団みたいのをはがしてくれるんだよ。その人を試すみたいに。

のぶみ　あぁ人ってさ、たしかにネガティブなときとか、辛いときにいろいろ考えるもんね。それで、「ヤベエ、ヤベエ」とか言いながら、動きはじめる。「なんもやらなくていいよ」って言われたら、パンケーキとかステーキとか好きなもの食べて、

すぐに寝て。なんもしなくなるよね、絶対。やる気わかないもんな、そういうとき。

すみれ うん、「嫌な経験」が必要な気がしてきたよ。で、話をもどすけど流産とか夜泣きは、ママたちにどんな経験をさせるためにあるの？

のぶみ 「守ってあげたい」って気持ちを経験するため。

すみれ なんかさ、ママになるとホルモンが出て、あかちゃんの泣き声に敏感になるんだってね。だから、世間のパパさんは泣き声でなかなか起きれない（笑）。

のぶみ あれって聞こえてないいんじゃなくて、ママさんのほうが強く聞こえているらしい。

すみれ それも、この子を守ってあげなきゃっていう思いがそうさせてる。

のぶみ **これを読んでるママさんたちはどうか夜泣きで起きないパパさんを責めないであげてほしいね（笑）。**

すみれ 夜泣きがこどもへの守ってあげたい気持ちを経験するために必要なことがなんとなく分かったよ。でも、流産はどうなんだろう？　やっぱり１００％悲しいだけじゃない？

のぶみ えっとね、あかちゃん自身が流産を経験したくて地球にきてることが多いよ。

すみれ え？　でも、そうなるとさっきのママを喜ばせるためにきてるっていうのが、

すみれ　矛盾にならない？

のぶみ　うん。でも、流産って長い目で見たら、ママにとって絶対に大切な経験になる。悲しむことも生きるためには大事なことだし、それに……。

すみれ　それに？

のぶみ　流産して空に帰るあかちゃんに悲しんでる子はいない。みんな「一瞬でも地球を見れてうれしかった♪」って言って、空の上に帰っていくよ。

すみれ　そっか～そんなにも空の上からするとこの地球って楽しそうなところなんだね！

のぶみ　うん、大人気！

なんだか今、生きてるだけで超ラッキーな気がしてきたよ（笑）。

僕は、映画『かみさまとのやくそく』に
出演しているのを見て、
初めてすみれちゃんのことを知った。

「戦争は絶対にやっちゃダメ」

映画の中で、彼女はこう訴えていた。
理由は、「だって、そのほうがみんな幸せだから」。
心を動かされた。

世界には今日もたくさんの「理由」が存在し、
あたかもその数が多いほうが
真実《ほんとう》のような気になるけれど、
実際はどうなんだろうか？

「戦争は絶対にやっちゃダメ。
だって、そのほうがみんな幸せだから」

シンプル・イズ・ベスト。
どうかこの言葉が、
世界中のみんなに伝わりますように。

ほんとうはひとり残らずみんながなかよし

今、この世界はバラバラになってしまっていると思う。
すご〜いむかしは、みんなきょうりょくしあっていたのに……。
ほんとうはみんななかよしなのに……。
さいしょは国なんかなくて、みんないっしょだった。
なのに、人間がバラバラにした。

もちろん国をつくるのが悪いことではない。
でも、国をつくったあと、ほんとうはなかよしだったのに、
戦争や戦いがはじまった。
私は、もっと国どうしなかよくすれば、
地球はキレイになると思う。

戦争は悪いこと

よく質問で
「戦争についてかみさまや天使さんたちからメッセージはある？」
と聞かれる。
戦争のことにかんしては、
かみさまも天使さんも同じことを言う。
「戦争はやっちゃダメ!!」
かみさまの言うことはとってもシンプル。

だってたしかに戦争がなくなったら
みんな幸せにくらせるもんね。

人間は仮面をつけている

人間はどんなときも見えない仮面をつけている。
いい意味でも、悪い意味でも。

仮面をつけるのが悪いわけじゃない。
だけど、仮面で　かくしたことは
いつかばくはつする。

人間は、相手を見て自分にないものがあると、
それがほしくなって仮面をつける。
でもそうやって仮面をつかうと
自分を苦しめていく。
だから、もっと仮面で　かくそうとする。

いいことに仮面を　つかうならいいけど、
悪いことに仮面を　つかっちゃダメ!!
ぜったいにダメ!!
だって、自分を苦しめるだけだから。

仮面をつけなくたって、
あなたを見てくれている人たちはいる。
あなたがあんしんできる人には
すこしずつ仮面をつけた自分じゃなくて
ほんとうのあなたを見せなさい!!

だって、あなたはすがおのほうがかがやいてる。

あなたの大事な人は、あなたを大事にする人

あなたにとって今、一番大事な人は誰？
今、頭に浮かんでくるのは誰？

その人は、きっと
あなたの支えになってくれた人！

その人も、きっとあなたの幸せを祈っている。
その人のためになりたいなら、
まず、自分が幸せになりなさい！

下から見ると上り坂、上から見ると下り坂

下から見るとつらい上り坂……。
でも、上から見ると楽な下り坂……。

人間もいっしょだ！

見た角度がちがうだけで、
まったくの別人に見えるかもしれない！
だから、ほんとうにその人を知りたいなら、
ちがう角度から見ないと、
その人の全部は分からない。

幸せはすごい!!

幸せはほんとうにすごい!!
だって幸せなえがおの　げんりょうだから!!

幸せは幸せをよぶ!!
幸せってたからもの!!
幸せってお金では買えない!!
幸せは、人間しかつくれない!!
だって幸せは自分が生みだすものだもん。

お金で買える幸せはほんとうの幸せではない!!
もちろんこの世界は
お金でいろんなものが買えるけど、

えがおってお金で買える？
もちろん自分が買いたいものが買えて、
幸せになるときもある。
……でも、一番の幸せはお金では買えない!!

あなたの一番の幸せってなに？

自分の一番の幸せは、
あなたの一生の幸せだよ。

のぶみ＆すみれの神トーク！5

「天使」と「妖精」と「幽霊」のちがいについて

最後となる対談は、みんなが知っているようで知らない「天使」と「妖精」と「幽霊」のちがいについてです。まさか対談中に、本物の妖精が現れるとは……。

のぶみ すみれちゃん、よく「天使」とか「妖精」とか「幽霊」とかって言うけど、全部のちがいがよく分からないんだけど(笑)。

すみれ 天使は、なんかかみさまに近いイメージ。人間の心とかを守ってくれてる。だけど妖精は、人間みたいに普通に暮らしてるっていうか……。

のぶみ 誰かに聞いたことがあるんだけど、見える妖精と見えない妖精がいるんだよね？見える妖精ってどんな見た目なの？

すみれ　ん～いろんな子がいる。

のぶみ　帽子はかぶってる？

すみれ　それもいろいろ。性別もあるし。

のぶみ　じゃあ、女の子の場合はどうなの？

すみれ　ほんとうにティンカー・ベルみたいな子もいるよ！

のぶみ　え～っとじゃあ、髪はくくってる？

すみれ　結んでいる子もいれば、そうじゃない子もいるし、髪が短い子もいる。パーマかかってる子もいるし。

のぶみ　じゃあ、大きさはどれくらい？

すみれ　10センチくらいかなぁ。

のぶみ　顔は？

すみれ　顔は、小さいよ。

のぶみ　ってことは体はでかい（笑）？

すみれ　大きいというよりは、ほんとうにティンカー・ベルが近いかな。ただ、ポチャッとしてる子もいるけど。あと、おじいちゃんとかおばあちゃんの妖精もいる。

妖精ってあかちゃんが、初めて笑ったときに、生まれるの。

のぶみ **へー、すごーい！　あかちゃんが笑ったと同時に、妖精のあかちゃんも生まれるのか！**

すみれ いや妖精にあかちゃんはいないよ。生まれた瞬間から若い妖精。

のぶみ そうなんだ！　じゃあ、妖精と言えば……羽は？　この流れでいくと、ついているのと、ついていないのがいるとか？

すみれ 羽はみんなについている！

のぶみ じゃあ、ちょっと残酷な話をするけど、羽をもがれちゃったやつとかは？

……いる？

すみれ 羽は、どれだけ引っぱってもとれない。

のぶみ そっか、妖精の羽は強いんだね。じゃあ体は強い？　病気とかないの？

すみれ 病気にはなる。熱が出るときあるし、風邪もひく。

のぶみ 体はそんなに強いほうじゃない、と。あぁいろいろと聞いてたら会いたくなってきたや。どこに行けば妖精に会えるのかな。

すみれ どこにでもいるよ。ほら今、のぶみさんの腕の上とかにも。ここにきたときからずっといた。

のぶみ　えーーー！　すみれちゃん、それ先に言ってよ（笑）。

すみれ　ニコニコしてるよ。

のぶみ　めっちゃかわいいじゃん！　体育座りとかしてるの？

すみれ　ううん、立ってるよ。羽がある。

のぶみ　男の子？　女の子？

すみれ　女の子。

のぶみ　なんか言ってる？

すみれ　なにも言ってない、今は。

のぶみ　妖精さんになにか質問してみてもいい？

すみれ　いいよ。

のぶみ　妖精さん、妖精さん、なんて名前なの？

すみれ　答えてくれない。なんか恥ずかしがり屋みたい。

のぶみ　女の子だからだ！　かわいいぃぃ！
じゃあ、あまり聞かないほうがいいのかもしれないけど、好きな男の子はいる？

すみれ　いないって。

のぶみ　え？　恥ずかしがり屋さんが答えてくれたの？

すみれ　いや、ちがう子が教えてくれた。

のぶみ　その子はなんて名前なの？

すみれ　ピアリ。

のぶみ　ピアリ！　かわいいぃぃぃ！　絵本に、いつか、登場させよう！
なんて妖精っぽい名前なんだ！　ピアリちゃんの髪型は、どんな感じ？

すみれ　髪型はティンカー・ベルみたいにお団子にしてる。この子がさっきの恥ずかしがり屋の子の名前を教えてくれたよ。アングルって言うんだって。

のぶみ　アングルちゃんか、これまたかわいぃぃぃ！　ところで、日本人みたいな名前の妖精はいないの？

すみれ　いるいる！　ずっと前にユウカって名前の妖精に会ったよ。

のぶみ　これまたかわいぃぃぃ！　日本っぽい名前の妖精までいるなんて、ますます奥が深いね、妖精界。

じゃあ、幽霊はどんな感じなんだろう？　そこらじゅうにいるの？

すみれ　あのね、幽霊の人たちって「幽霊」って言うと、みんな嫌がるの。

のぶみ　え？　嫌がるの!?　こわい！

すみれ　まだ1回しか言ってないからセーフだよね？（笑）。うん、だいじょうぶ。でも、幽霊ってつい最近まで人間だった人たちのことだから、急にいかにも亡くなった人みたいなあつかいをされるのが嫌みたい。

のぶみ　じゃあ、なんて呼べば許してもらえるかな……？

すみれ　私は「薄い人」って呼んでるよ。

のぶみ　OK、じゃあ薄い人って呼ぼう！　その……薄い人たちっていうのは普段、なにをやっているの？

すみれ　お墓の人たちとお酒飲んだりしてる。六本木のお墓とかでもよく飲み会やってるの見るよ。

のぶみ　へえ！　かみさまと一緒で、みんなのんべえなんだね！

あ、そういえば俺が小さいころに住んでた家ね、キリスト教会だったのよ。それでお葬式があると毎回、棺桶《かんおけ》の上に白い人みたいなのが乗ってる気がしたんだよね。

それって幽霊……

すみれ　いや、ちがう、ちがう。薄い人だったのかな？

うん、亡くなってすぐ自分のお葬式を見にくる人もいるよ。

のぶみ　ってことは、見にこない人もいるってこと？

すみれ　「ハワイに行くか」みたいな（笑）。

ほとんどの人は見にいくんだけど、めんどくさいなぁって人もいて。

のぶみ　めんどくさいって（笑）。

ちなみに〝ほとんど〟ってどれくらいの割合？

すみれ　ん〜、7割くらいかなぁ。

のぶみ　ってことは、3割はハワイに行く（笑）。で、残りは自分のお葬式へ。

自分の棺桶を見て、なにしてるの？

すみれ　笑っている人とか、けっこういるよ。え？　これ、俺の体じゃん！　って。

のぶみ　**あいつ、ぜんぜん香典入れてないじゃん！　みたいなのもあるのかな？**

すみれ　うん、全部見えてるよ。

のぶみ　なんかさ俺がまだ小さいころ、電車に乗ってたらさ、薄い人が通勤してるのを見たことがあってさ。あれってもしかして、死んだって気づいてなかったのかなぁ？

すみれ うんうん、そういう人もいる。

のぶみ やっぱりだ！

すみれ それで気づかず、知っている人におじぎして、「おはようございます」って言ってたり。

のぶみ でも、もちろん反応はかえってこない。

すみれ うん。それと薄い人って飛べるし、宙に浮いてるから、それで自分が亡くなったってことに気づく人が多いかな。

のぶみ **あ、じゃあ自殺した人についてはどうなの？　よく成仏できなくなるって言うけど……。**

すみれ できるは、できる。だけどその前に、「反省部屋」ってところに行くの。

のぶみ え、反省部屋……？

すみれ それって独房みたいなところ？

すみれ ううん、全然いいところだよ！

のぶみ えっ！　いいところなの!?

すみれ そう、なんていうのかな、「反省」というよりは人生を振りかえるような部屋って感じ。

ようは「なんで自殺をしたか」を考えるというよりは、「次の人生はどうするか」を考える部屋で。

のぶみ へえ！　そんなの初めて聞いたよ！　何日間くらい考えるの？

すみれ 日数は決まってなくて、その人が学びおえたと思うまで。

のぶみ 自分にOKが出るまでだ。その部屋って自殺した人しか入れないの？

すみれ うん、自殺した人だけ。でも、その部屋に入るかどうかは自分で決められる。

のぶみ 入らなかったら、どうなるんだろう？

すみれ そのまま上に行くだけ。

のぶみ 幽霊あらため、薄い人の世界もなかなか奥が深いね。こんな短時間じゃ、全部聞ききれる気がしないや……（笑）！
すみれちゃん、また次会ったときもいろいろとお話聞かせてほしい！

すみれ うん、いいよ！

小学生の言うことだから、
信用できない?

ちがう。大切にしなくちゃいけないのは、

誰が言うかじゃない。

なにを言っているかだ。

人間はお花

人間はお花だ。
人間もお花も似たようなところがたくさんある。

かみさまが言っていたふうに言うと
「人間は花といっしょだ。
花は　めが出て、つぼみになって、咲いて、かれる。
人間は、命がやどって、生まれて、成長して亡くなる」

人間と花は生きるときも、亡くなるときも、同じだ。
お花は私たちに、生き方をおしえてくれる先生だ。

たとえば、お花は咲いているとき、すごくキレイだ。

これも人間におしえてくれてる。

どういうことかというと、

「人間もお花のようにキレイにかがやきながら生きなさい」

という意味だ。

そんなふうにお花は私たちに
いろんなことをおしえてくれている。
だから、そのおしえてくれたとおりに生きればいい。

かがやきなさい。

キレイに生きなさい。

先生を信じなさい。

物たちだって生きている!!

みんなは知ってる?
物や洋服なんかにも
きもちがあって、
心があって、
生きていることを……。

じつは物なんかも人間のように
いろんなことをしゃべっている。
ほんとうに人間のような話をする。
ビニールぶくろ1枚だって話をしている。
ブランド物の紙ぶくろなんかは、
「俺、ブランド物だぜ」と　じまんしてくる(笑)。

物どうしでも話をしている。
だから家の中なんて、いつもおおさわぎ。
いろんな物たちや洋服どうしが話をしている。

物や洋服なんかは歌も歌う。
どんなときかというと、
物や洋服の　たんじょうびにだ。
そのたんじょうびとは、
物や洋服ができた日ではなく、
その物や洋服がその人の家にはじめてきた日のこと。
物や洋服たちは、相手のたんじょうびは、
みんなおぼえている。
だから、そのたんじょうびに歌を歌ったりする。

私はそのことを考えると
「物や洋服ってずいぶん　きおく力がいいんだな～」
といつも思う（笑）。
物や洋服も私たちと　おんなじ生活をしてる。
たんじょうびをみんなで　いわうのも人間といっしょ。
みんなと話すのも人間といっしょでしょ？
物や洋服、ほかの家具なんかもほんとう、人間とそっくりだね！

体調によってオーラの色は変わる

オーラは人によって色がちがう。
体調によってオーラが変わったりもする。
たとえば、すごく元気でたのしくてきもちが
ワクワクしてたりすると、
あかるい色とかその人が好きな色とか、
あとオーラの色がキラキラかがやくときもある。

体調が悪いときは、
オーラの色がくらい色になったりする。

オーラの色を変えるのはかんたんだ。

ゴールはスタートだ

ゴールはスタートだ!!

「ゴール」、それは亡くなるとき。
これは、人生のゴールっていうこと。

「スタート」は生まれたとき。
だから、生きているあいだにはゴールはない!!

ひとつのことをやりとげたら、
次にまたひとつのことをやりとげる!!
生きているときはずっとスタート!!
亡くなるっていうのは、

全部やりとげたから亡くなる。
亡くなるのは、ぜ〜んぶ必然!!
偶然で亡くなる人なんていない。
事故でも病気でも全部が必然。
だから亡くなるっていうことは、
もうその人は全部をやりとげたっていうこと!!
だからこそそのゴールなんだ!!

もしまわりの誰かが亡くなったら、
まず泣いてもいい。
だけどちゃんとえがおで
「おつかれさま」って言ってあげて。

「いただきます」の前にかならず言う言葉

私にはいつも
「いただきます」の前に言うことがある。

それは、
「かみさま、天使さん、仏さま、
この身にかんしてさずかりました。
ありがとうございます」だ。
これを言ったあとに、「いただきます」と言っている。

なぜ、これをやっているのかというと、
食材や食べものは、
かみさまたちや、

天使さんたちや、
仏さまがくれたものだから。
「さずかりましたよ」ということを
お伝えして「ありがとうございます」と、
私は言っている。

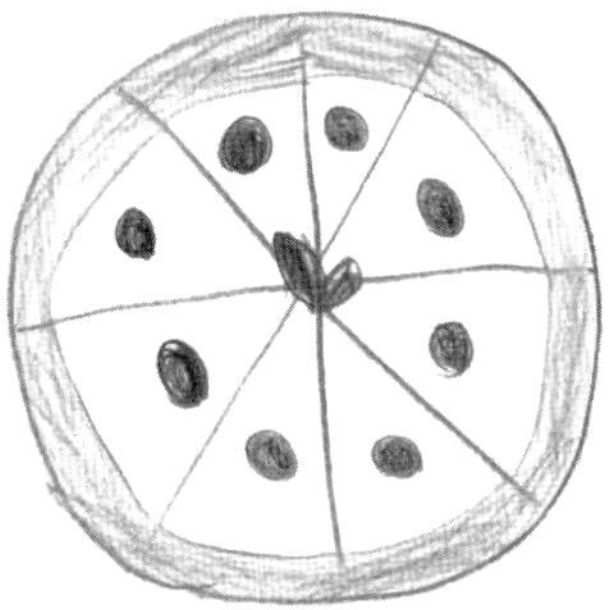

明日死んでもいいように生きなさい

「明日、生きてる」って、
自信をもって言える人なんていない。

だから、明日死にそうになっても
後悔なく笑って死をむかえられるようにしろ！

「いい人生だった！」って
自信をもって言える人間になれ！

生と死だけは人生で1回しか経験できない

生と死は、人間にとって、
一番学ばなきゃいけないこと！
だって、1回の人生で生と死だけは、
1回しか経験できないから！

ほかのことは何回もできるけど
生と死だけは1回だけ！

生と死は人生のテスト！

この世界を変えられるのは……

この世界をよくするか、悪くするかは、
あなたたち人間にかかっている。

かみさまや天使さんたちにもできるけど、
今、この世界で生きているのはあなたたち!!

あなたたちの世界なんだから、
あなたたちで決めて変えていかないとダメ!!

平和で幸せにしたいのなら、
平和にするためにあなたが今できることをやりなさい。

かみさまや天使さんも
平和や幸せには、きょうりょくする。
でも、この世界を平和にするのは、
かみさまや天使さんではない!!

人間だ!!

かみさまから見た
すみれの10年間

みなさん、こんにちは。
わたしは日本の一ばん上の
かみです。
今、わたしは、すみれの体の
中にいます。

すみれの体をつかって書いています。

わたしたちはいつもすみれにかんしゃしています。

わたしたちのかわりにいろんな人びとにつたえてくれています。

すみれが生まれた時わたしはかみさまの国のことをおぼえているか、まだ、わたしたちと話ができるかしんぱいだったんです。

なぜかというと、わたしはすみれに言ったんです。

「おまえが、ちきゅうにおりてつたえてどだいをつくれ」とわたしはすみれに言いました。
なぜかって、わたしは分かってい
たんです。これから生まれる
子たちがかみさまの国のことを
おぼえている子たちがふえることを。
だから、すみれにそのどだいを
つくってほしかったんです。

そしてすみれが生まれた
しゅんかんわたしはわかりました。
「この子はちゃんとおぼえている」
と目をみたしゅんかんわかりました。
それからは、あっというまでした。
すみれが今、どだいをつくってくれ
たからいろんなおぼえている子

たちがつたえられるように
なったんです。
このことをもちろんしんじない
人もいるとおもいます。
でも、それならそれでいいです。
しんじてくれる人たちは、
すみれのこと、おうえんして
やってください。
よろしくおねがいします。

ママから見たすみれの10年間

2007年3月5日の午前1時11分、予定日ぴったりの40週0日にすみれは生まれました。すみれの兄にあたる長男を出産後、潰瘍性大腸炎という難病を発症し、「病」というリスクを抱えながらの出産にもかかわらず、何事もなく3576gの元気なあかちゃんでした。

あかちゃんのときはほとんど泣くことがなく、なにか要求があれば「ああ〜!!」と知らせてくれるすみれ。

「お兄ちゃんのときとちがって、楽だわ〜」なんて思っていたのですが、歩けるようになると、あまりにも頻繁《ひんぱん》に壁や物にぶつかるように。心配になり、いくつかの病院をまわってみた結果、いろんな病名をつけられ、私の出した結論は……「見守ろう」でした。

それからもぶつかることはつづいたものの、ポチャッとしていて、よく笑い、ヒマさえあれば歌を歌っていたおかげで、たくさんの人がすみれをかわいがってくれました。

「人に愛されるってこういうことなんだなぁ」とすみれを通して、ママとして、ひとりの人間としても成長していく私。だけど、このときはまだ、すみれに不思議な力が宿っているだなんて考えもしませんでした。

すみれに特別な力があることに気づいたのは、7歳のとき。すみれを連れて参加したとあるトークショーで、講師の方のお話を聞き、すみれがポツリと言ったのです。

「ママ、オーラが見えるのってふつうのことじゃないんだね……」

そのことをきっかけに、すみれの話をよく聞くと、生まれたときからかみさまとお話できること、私たちを温かく見守ってくれている存在やオーラが見えていること、物ともお話できることなど、たくさんのことを教えてくれました。

そしてこのときようやく、小さいころによく壁や物にぶつかっていたのは、かみさまや薄い人をよけようとしていたからだということも分かったのです。

「どうしてそんなにすごいこと、ずっと内緒にしていたの？」と聞くと、「ママ、たしかに直接話してはないかもしれないけど、ずっと伝えていたよ!!」と怒られました（笑）。

それからというもの、羽生家にはちょっぴり不思議な世界のお話が加わることになりました。とは言っても、羽生家はとってもオープンな家族なので、すみれの話すどんなことも否定することなく、ときには真剣に、ときには笑いあいました。

もともと、スピリチュアルだとか精神世界をテーマにした本が大好きで、一時期、すごく読みあさっていたことのある私。

ですが、毎日すみれの話を聞いているうちに分かったことがありました。

それは、私の何倍、何十倍……とにかく、すみれは、私よりいろんなことを知っているということ。なんの学びもしていない5歳の女の子なはずなのに……。

「オーラとチャクラのちがい」を教えてくれたのもすみれです。

「ママ、知らないの？　オーラとチャクラは人間にとって必要だからあるんだよ。

でね、チャクラは回転してるんだよ！」

知識としてはある程度知っていたけれど、突然、教えてくれたとき私は正直驚ろきました。それからも「なんでそんなことまで知っているの!?」の連続で、かみさまのこと、天使さんのこと、魂のこと、あかちゃんのこと、石さんのこと、宇宙のことなど……たくさんのことを教えてくれる毎日。

いつのまにか私は、「すみれのママ」から、「すみれの弟子」になっていました（笑）。

そんな師弟関係がしばらくつづいたあと——。

すみれから「ママ、伝えるときがきた。みんなに伝えたい……」と告白されました。

羽生家の基本ルールとしては、危険でない限り、自分がやりたいと思ったことは止めたりしません。でも、今回は例外。

私は、すみれより、地球の経験が少し長いから、世間の温かさの反面、厳しさや怖さも多少なりとも知っているつもりです。小さいこどもが、「かみさまとお話できる」と言って、世に出たときのリスクを考えました。

反対する私と、気持ちの変わらないすみれとで意見はぶつかりあい、平行線をたどる毎日がつづいたある日。

「私は、人の前でベラベラとおしゃべりがしたいんじゃない!! かみさまの言葉を伝えたいんだ!! 今、伝えなきゃダメなの!!」と大泣きしながら私に訴えるすみれ。

そのとんでもない覚悟に、私は負けました。そして、「たった1人でもいいから、すみれの話で癒されたり、元気になったり、生きる力がわく人がいたらいいね」と、2人で活動をスタートさせることになったのです。

まずはブログから始めることになりました。そこに寄せられるたくさんの「応援してるね!!」という温かなコメントに支えられ、人前に出てお話することを決意した私たち。

ちょうどそのころ、運よく一緒にイベントをしてくださるご夫婦に出会い、少しずつですが活動の輪を広げていきました。

転機となったのは、映画『かみさまとのやくそく』への出演です。

この映画の監督である荻久保則男さんとのご縁で、たくさんの人に知られること